Gabi Fastner

D1369186

FITNESS
– KOMPAKT

Die 100 besten Übungen für zu Hause

Meyer & Meyer Verlag

Fitness – kompakt

Bibliografische Information der Deutschen Bibliothek
Die Deutsche Bibliothek verzeichnet diese Publikation in der Deutschen
Nationalbibliografie; detaillierte bibliografische Details sind im Internet über
<http://dnb.ddb.de> abrufbar.

© 2015 by Meyer & Meyer Verlag, Aachen
Auckland, Beirut, Dubai, Hägendorf, Hongkong, Indianapolis, Kairo, Kapstadt,
Manila, Maidenhead, Neu-Delhi, Singapur, Sydney, Teheran, Wien

 Member of the World
Sport Publishers' Association (WSPA)
Gesamtherstellung: Print Consult GmbH, München
ISBN 978-3-89899-965-6
E-Mail: verlag@m-m-sports.com
www.dersportverlag.de

INHALT

VORWORT

Bewegung muss Spaß machen!

Unter diesem Motto habe ich in diesem Buch schöne und effektive Übungen mit und ohne Kleingeräte für ein kompaktes Workout zusammengestellt. Stellen Sie sich aus den verschiedenen Bereichen ein Training zusammen, das auf Ihre eigenen Wünsche und Bedürfnisse abgestimmt ist.

Kräftigen Sie die Muskeln nach folgenden Prioritäten:
Bauch, Gesäß, oberen Rücken, Gleichgewicht, und dann die Muskeln, speziell für Ihre gewünschten Ziele. Bei statischen Übungen halten Sie die Spannung ca. 10-30 Sekunden. Bei aktiven/dynamischen Übungen führen Sie 10-30 Wiederholungen aus. Pro Muskelgruppe 1-3 Sätze (10-30 Wdh., Pause, 10-30 Wdh., Pause, 10-30 Wdh.) oder 1-3 verschiedene Übungen für die jeweilige Muskelgruppe.

Ganz am Anfang Ihrer Trainingseinheit wählen Sie sich am besten eine Übung aus dem Bereich „Wahrnehmung", um sich auf den Moment körperlich und geistig einzustellen. Holen Sie sich ab aus dem Alltag, egal, wo Sie gerade sind. Lenken Sie Ihre Aufmerksamkeit nur auf sich! Trainieren Sie selbstwirksam! Die folgende „Auszeit" gehört ganz alleine Ihnen!

Bevor Sie dann mit den Übungen beginnen, wärmen Sie sich 2-3 Minuten auf, um Ihre Muskulatur, Ihr Fasziengewebe und Ihre Gelenke auf das Training vorzubereiten. Gehen Sie zum Beispiel am Platz und kreisen Sie Ihre Schultern zurück, oder tanzen Sie ganz einfach auf

Musik, die Ihnen gefällt! Oder wählen Sie eine Übung aus dem Bereich Warm-up. Vielleicht möchten Sie das Aufwärmprogramm mit etwas Nützlichem verbinden. Treppensteigen eignet sich dafür besonders gut! Gehen sie also beispielsweise zügig in den Keller, bringen Sie den Müll raus oder saugen Sie schwungvoll Ihr Wohnzimmer!

Täglich sollten Sie mindestens 15 Minuten einplanen. Je nach Zeitfenster können Sie das Training auch in z. B. dreimal fünf Minuten aufteilen. Viele Übungen können sie quasi zwischendurch erledigen. Sei es morgens im Bad, am Frühstückstisch, an der Arbeit während einer kurzen Pause oder beim Fernsehschauen. Viel bringt nicht unbedingt viel – weniger, dafür regelmäßig ausgeführt, ist definitiv sinnvoller! Dadurch sinkt einerseits die Hemmschwelle, mit dem Training zu starten, andererseits fällt die Ausrede „Ich hab keine Zeit!" weg.

Ich bin mir sicher, ich kann Sie mit diesem Kompakt-Buch *Fitness – kompakt* mit der Lust, sich zu bewegen anstecken! Denn wenn es eine positive Sucht gibt, dann ist es die, sich täglich ein wenig in Bewegung zu bringen und etwas Gutes für seine Gesundheit und sein Wohlbefinden zu tun!

Bei einigen Übungen arbeite ich mit dem Redondo®-Ball oder mit den TOGU Brasil®s. Die Brasil®s sind wirklich kleine „Wunderwaffen" für ein Workout mit Freude und guter Laune! Der auffordernde Charakter und die unkomplizierte Handhabung der Brasil®s helfen Ihnen dabei.

Sie sind klein, handlich, effektiv! Das bestätigt auch die Experten-Kommission der AGR (Aktion gesunder Rücken e. V.) durch die Vergabe des AGR Gütesiegels, das besonders rückenfreundliche Produkte auszeichnet.

Trainieren mit den Brasil®s heißt, ihrem Rücken, der Tiefenmuskulatur, Ihrem ganzen Körper und damit auch Ihrer Seele etwas Gutes zu tun, ohne sich dabei auszupowern.

Die Brasil®s können sowohl als „normales" Trainingsgewicht bei Bewegungen mitgeführt werden als auch durch die Hackbewegungen als Tiefenmuskeltrainer des Rumpfes dienen. Durch ihre Noppenoberfläche stimulieren sie zusätzlich die Rezeptoren in den Händen.

Durch die intelligente Gewichtsfüllung ermöglichen sie uns ein gezieltes und einfaches Tiefenmuskeltraining. Die Zusammenstellung von Luft und Gewichtsfüllung gibt uns das Bewegungsfeedback für die Größe der schnellen „mini moves". Die Amplitude der Bewegung liegt bei ca. 15 cm.

Durch diese Hackbewegungen, die *mini moves*, wird ein reflektorisches Anspannen der tiefen Rumpfmuskulatur bewirkt ohne die oberflächliche Muskulatur zu verspannen.

mini moves

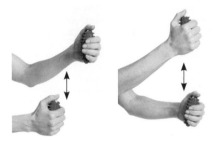

Spüren und Aktivieren der tief liegenden Muskulatur, die den Rumpf in der Rotation, Seitneigung und Beugung/Streckung stabilisiert.

Dies erreichen wir durch schnelle, kurze Hackbewegungen.

mini moves entweder vor einer Übung ausführen, dynamisch während einer Übung oder zwischen den einzelnen Übungssätzen.

Führen Sie die *mini moves* 10-40 s lang aus mit einem Kraftaufwand von weniger als 30 % Ihrer individuellen Maximalkraft und einer Bewegungsamplitude von ca. 15 cm.

Viel Spaß beim Üben!

Ihre Gabi Fastner

KAPITEL I

1 WAHRNEHMUNG

Wahrnehmung der lateralen Rumpfstabilität und Aktivierung der sensiblen und sensorischen Analysatoren

Übungsausführung: Einbeinstand
Den Körper weit zu einer Seite neigen.

Hinweis: Achten Sie auf eine gute Ganzkörperspannung!

Variation: Als Steigerung den TOPANGA® um die Schultern legen. Die 3-4 kg geben dem Körper eine „Information" von oben! Das Gewicht verändert das Körpergefühl, die Balance!

Wahrnehmung der ventralen und dorsalen Rumpfstabilität und Aktivierung der sensiblen und sensorischen Analysatoren

Übungsausführung: Schrittstellung
Das Körpergewicht im Wechsel auf das vordere und hintere Bein verlagern.

Hinweis: Das Brustbein anheben!

Variation: Als Steigerung den TOPANGA® um die Schultern legen! Die 3-4 kg geben dem Körper eine „Information" von oben! Das Gewicht verändert das Körpergefühl, die Balance!

Aktivierung des tiefen Bauchmuskels, des Beckenbodens

Übungsausführung: Vierfüßlerstand
Den Bauchnabel sanft nach innen Richtung Wirbelsäule ziehen mit dem Ausatmen, beim Einatmen die Bauchwand nach unten sinken lassen.

Hinweis: Den Oberkörper aus den Schultern „raus-"ziehen!

Variation: Als Steigerung die Knie vom Boden lösen!

Aktivierung des tiefen Bauchmuskels, des Beckenbodens

Übungsausführung: Vierfüßlerstand
Einen Arm zur Seite anheben.

Hinweis: Becken und Schultergürtel bleiben parallel zum Boden! Das Körpergewicht in der Mitte halten!

Aktivierung des tiefen Bauchmuskels. Ansteuerung des tiefen Systems durch taktile Reize

Übungsausführung: Seitlage mit angezogenen Beinen
Der Partner kniet dahinter und unterstützt taktil mit seiner Hand die Aktivierung des M. transversus. Der Übende zieht den Bauchnabel sanft nach innen, der Partner gibt mit seiner Hand einen sanften Druck auf den Bauch ab.

Hinweis: Durch Berührung wird das Bewusstsein für die Körperhülle, das Bewusstsein für das Körperinnere gestärkt. Dadurch wird die Qualität und das Ausmaß der Bewegung verbessert!
Diese Partnerübung nur mit Teilnehmern ausführen, die sich untereinander sehr gut kennen!

Aktivierung des tiefen Bauchmuskels

Übungsausführung: Bauchlage
Arme und Beine sind in einer X-Stellung am Boden abgelegt. Mit dem Ausatmen den Bauchnabel sanft vom Boden wegziehen.

Hinweis: Oft hilft die Vorstellung, „Eiswürfel" unter den Bauch zu legen!
Das Gesäß bleibt dabei entspannt! „Spüren Sie die Länge!"

Aktivierung des tiefen Bauchmuskels, des Beckenbodens

Übungsausführung: Rückenlage

Eine Hand unter den unteren Rücken legen und die natürliche Lordose spüren. Mit dem Ausatmen den Bauchnabel sanft nach innen ziehen. Mit dem Einatmen die Spannung lösen.

Hinweis: Der Druck auf der Hand verändert sich während der gesamten Bewegung nicht!

Tipp: Um ein Gefühl für das Aktivieren des M. transversus abdominis zu bekommen, halten Sie sich die Nase zu und versuchen Sie, durch die Nase einzuatmen!

Aktivierung und Wahrnehmung des tiefen Bauchmuskels, des Beckenbodens

Übungsausführung: Rückenlage mit angestellten Beinen
Die Beine sind hüftbreit aufgestellt, die Wirbelsäule liegt in neutraler Position. Dann *mini moves* gegengleich vor/zurück mit den Armen über dem Brustkorb ausführen.

Hinweis: Den Bauchnabel sanft nach innen ziehen. Den Schultergürtel entspannen.

Wahrnehmung und Aktivierung der tiefen Bauch- und Rückenmuskulatur

Übungsausführung: Vierfüßlerstand

Einen Arm zur Seite anheben und *mini moves* vor/zurück ausführen.

Hinweis: Achten Sie auf die Bauchspannung! Der Rücken bleibt ruhig und in neutraler Position der Wirbelsäule. Das Becken parallel zum Boden halten.

Wahrnehmung und Aktivierung der sensiblen und sensorischen Analysatoren

Übungsausführung: Einbeinstand

Das Spielbein locker vor- und zurückschwingen. Die Arme gegengleich mitschwingen.

Hinweis: Das Brustbein bleibt aufgerichtet!

„Erleben Sie Ihre Schwungkraft, die Stabilität in Ihrem Standbein! Spüren Sie die Stabilität in Ihren Stabilisatoren, in Ihrem Minikorsett! Nehmen Sie die dreidimensionale Bewegung wahr und erleben Sie die Freude an der Bewegung!"

Wahrnehmung der Körperspannung und Aktivierung der sensiblen und sensorischen Analysatoren

Übungsausführung: Einbeinstand
Das Spielbein so weit wie möglich nach vorne und hinten tippen.

Hinweis: Achten Sie auf eine stabile Körpermitte!

Variation: Zur Erleichterung den Winshape® Belt vor- und zurück-bewegen! Denken Sie daran: Den eigenen Körper auf einem Bein zu stabilisieren, ist nicht einfach!

Wahrnehmung der ventralen und dorsalen Rumpfstabilität und Aktivierung der sensiblen und sensorischen Analysatoren

Übungsausführung: Schrittstellung

Das Körpergewicht im Wechsel auf das vordere und hintere Bein verlagern.

Hinweis: Das Brustbein anheben!

Variation: Als Steigerung den TOPANGA® um die Schultern legen! Die 3-4 kg geben dem Körper eine „Information" von oben! Das Gewicht verändert das Körpergefühl, die Balance!

Ziel der Übung: Wahrnehmung und Aktivierung der sensiblen Analysatoren, Wahrnehmung des aufrechten Sitzes

Übungsausführung: Sitz

Mit gestreckten Beinen und aufrechtem Rumpf sitzen.

Hinweis: Das Brustbein anheben! Das Sitzen im Langsitz fällt vielen Teilnehmern sehr schwer! Sie haben es verlernt! Deshalb sollten wir gerade solche Bewegungen mit den Teilnehmern üben!

KAPITEL 2

2 WARM-UP

Mobilisation des Schultergürtels

Übungsausführung: Sitz
Ein Brasil® mit der oberen Hand werfen, mit der unteren Hand auffangen.

Hinweis: Seitenwechsel!

TIPP für eine kurze Bewegungspause im Büro oder zu Hause.

Ganzkörpermobilisation

Übungsausführung: Side to Side
Das Gewicht von rechts nach links verlagern und mit einem Arm lockere Schwünge von der einen zur anderen Seite ausführen.

Hinweis: Die Bauchspannung aufbauen, indem der Bauchnabel sanft nach innen gezogen wird. Achten Sie auf einen lockeren Schultergürtel!

„Spüren Sie die Länge und Spannkraft des Körpers!"

Mobilisation der Schultergelenke, Brustwirbelsäule, Fußgelenke

Übungsausführung: Side to Side

Das Gewicht von rechts nach links verlagern und mit einem Arm lockere Schwünge von der einen zur anderen Seite ausführen. Dabei den Arm weit nach hinten ziehen. Der Blick folgt der Hand.

Hinweis: Die Bauchspannung aufbauen, indem der Bauchnabel sanft nach innen gezogen wird.

Mobilisation der Hüftgelenke, Schulung der Gleichgewichtsfähigkeit

Übungsausführung: Einbeinstand

Das Spielbein locker vor- und zurückschwingen. Die Arme gegengleich
mitschwingen. „Jonglieren auf einem Bein".

Hinweis: Das Brustbein bleibt aufgerichtet!

Ganzkörpermobilisation, Schulung der Gleichgewichts-fähigkeit

Übungsausführung: Hüftbreiter Stand

Die Arme in Richtung Decke strecken, tief schwingen, wieder hoch und oben ein Bein nach hinten strecken. Diese Position kurz halten, dann wieder tief und hoch und das andere Bein heben und halten.

Hinweis: Stehen Sie bewusst auf einem Bein!

Das Aufwärmtraining sollte kurze Elemente der Gleichgewichtsschulung beinhalten, um die tiefen Muskelschichten auf den Hauptteil vorzubereiten!

Mobilisation der Brustwirbelsäule

Übungsausführung: Hüftbreiter Stand
Sich im Wechsel zur rechten und linken Seite neigen. Mit dem Blick der jeweiligen Hand folgen.

Hinweis: Das Becken bleibt fixiert!

Mobilisation der Brustwirbelsäule

Übungsausführung: Hüftbreiter Stand
Den Oberkörper nach rechts und links rotieren, indem der Ellbogen die Bewegung anführt. Der Blick folgt dem hinteren Ellbogen.

Hinweis: Das Becken stabil halten!

Ganzkörpermobilisation

Übungsausführung: Side to Side
Die Arme schwingen locker von rechts nach links.

Hinweis: Bauchspannung aufbauen, indem der Bauchnabel sanft nach innen gezogen wird.

Mobilisation der Wirbelsäule

Übungsausführung: Vierfüßlerstand

Beide Hände auf den Brasil®s aufstützen und mit dem Ausatmen den
Rücken runden. Mit dem Einatmen nach vorne rollen und den Rücken
in die Länge ziehen.

Hinweis: Das Gesäß bleibt von den Fersen abgehoben!

KAPITEL 3

3 KOORDINATION

Koordinationsschulung

Übungsausführung: Sitz
Die Brasil®s einzeln oder gleichzeitig werfen und fangen.

Hinweis: Keine Angst vor dem Fallenlassen, die Brasil®s kommen leise auf dem Boden auf und können nicht kaputtgehen!

TIPP für eine kurze Bewegungspause im Büro oder zu Hause.

4 GLEICHGEWICHT

Kräftigung der Rückenmuskulatur, Schulung der
Gleichgewichtsfähigkeit

Übungsausführung: Einbeinstand
In der Standwaage die Arme nach vorne strecken und *mini moves*
gegengleich hoch/tief ausführen.

Hinweis: Die Handgelenke sind fixiert. Das Becken ist parallel zum
Boden. Der Blick zeigt nach unten, damit befindet sich die Wirbelsäule
in neutraler Position. Achten Sie auf die Bauchspannung!

Kräftigung der Bein- und Rumpfmuskulatur, Schulung der Gleichgewichtsfähigkeit

Übungsausführung: Ausfallschritt

Die Beine weit in den Ausfallschritt öffnen und das hintere Knie Richtung Boden absenken, dabei die Arme in Seithalte bringen und *mini moves* mit den Brasil®s gegengleich hoch/tief ausführen.

Hinweis: Das Kniegelenk des vorderen Beins bleibt über der Ferse! Der Oberkörper ist aufgerichtet.

Variation: Als Steigerung die Ferse des vorderen Beins abheben. Zusätzliche Herausforderung der Gleichgewichtsfähigkeit!

Kräftigung der tiefen Rumpfmuskulatur, Schulung der Gleichgewichtsfähigkeit

Übungsausführung: Grätschstand

Die Knie zeigen Richtung Fußspitzen und befinden sich über den Fersen. Tief in die Knie gehen, dann sich aufrichten und das Körpergewicht auf ein Bein verlagern. Dabei die Arme zur Seite ausstrecken. Einige Male wiederholen.

Übungsausführung:

Dann in der Seitposition anhalten und *mini moves* gegengleich hoch/tief ausführen.

Hinweis: Achten Sie auf die Bauchspannung!

Mobilisation der Hüftgelenke, Schulung der Gleichgewichtsfähigkeit

Übungsausführung: Einbeinstand
Das Spielbein locker vor- und zurückschwingen. Die Arme gegengleich mitschwingen. „Jonglieren auf einem Bein".

Hinweis: Das Brustbein bleibt aufgerichtet!

Schulung der Gleichgewichtsfähigkeit. Kräftigung der Bauch- und Rückenmuskulatur

Übungsausführung: Einbeinstand

Mit dem Spielbein so weit wie möglich vor und hinter dem Körper auftippen.

Hinweis: Die Spannung in der Körpermitte halten!

Ganzkörperstabilität

Übungsausführung: Unterarmstütz

Den Redondo®-Ball unter einen Fußrist legen. Mit den Ellbogen weit nach vorne rutschen (so weit, wie die Körperspannung gehalten werden kann). Das Spielbein abheben und, wenn möglich, auch den gegenüberliegenden Arm nach vorne strecken.

Hinweis: Achten Sie auf die Körperspannung!

Kräftigung der Bauchmuskulatur, Schulung der Gleichgewichtsfähigkeit

Übungsausführung: Sitz mit angehobenen Armen und Beinen
Aufrecht sitzen, dann den Oberkörper etwas zurücklehnen, die Beine gebeugt abheben. Mit den Armen *mini moves* gegengleich hoch/tief ausführen und gleichzeitig den Rumpf von rechts nach links drehen.

Hinweis: Achten Sie auf die Bauchspannung! Das Brustbein anheben!

5 STABILISATION

Kräftigung der tiefen Rumpfmuskulatur

Übungsausführung: Grätschstand
Die Hände vor dem Brustbein schließen und kleine Rüttelbewegungen nach rechts und links ausführen.

Hinweis: Das Becken stabil halten! Die Schultern entspannen!
Sorgen Sie für einen guten Bodenkontakt!

Aktivierung der tiefen Rumpfmuskulatur

Übungsausführung: Stand

Die Daumen zeigen zueinander, die Arme führen kleine, nach außen kreisende Bewegungen mit den Brasil®s von unten nach oben mit dem Einatmen und zurück mit dem Ausatmen nach innen kreisende Bewegungen aus. Die ganze Bewegungsabfolge einige Male wiederholen.

Hinweis: Die Handgelenke sind fixiert. Achten Sie auf die Bauchspannung! Die Schultern sind tief! Die Füße befinden sich in der Pilates-V-Stellung.

Kräftigung der tiefen Rumpfmuskulatur, Schulung der Gleichgewichtsfähigkeit

Übungsausführung: Grätschstand

Die Knie zeigen Richtung Fußspitzen und befinden sich über den Fersen. Tief in die Knie gehen, dann sich aufrichten und das Körpergewicht auf ein Bein verlagern. Dabei die Arme zur Seite ausstrecken. Einige Male wiederholen.

Übungsausführung: Dann in der Seitposition anhalten und *mini moves* gegengleich hoch/tief ausführen.

Hinweis: Achten Sie auf die Bauchspannung!

Kräftigung der gesamten Rumpfmuskulatur, der Oberschenkelaußenseite

Übungsausführung: Seitlicher Unterarmkniestütz

Arm und Bein weit auseinanderführen. Dann das Bein anheben und mit dem Arm zusammenführen. Einige Male wiederholen. Nun das Bein abgehoben halten und *mini moves* mit dem nach oben gestreckten Arm ausführen.

Hinweis: Der Oberkörper und die Oberschenkel bilden eine Linie. Die Handgelenke fixieren. Achten Sie auf die Bauchspannung!

Variation: Zur Erleichterung das obere Bein anwinkeln.

Variation: Als Steigerung beide Beine strecken.

Kräftigung der gesamten Rumpfmuskulatur und der Oberschenkelaußenseite

Übungsausführung: Seitkniestütz

Auf beiden Knien stehen, dann ein Bein seitlich abspreizen, mit einen Arm seitlich abstützen. Hand, Knie und Fuß bilden eine Linie. Nun das Bein und den Arm mit dem Ausatmen zueinander- und dem Einatmen auseinanderführen.

Hinweis: Achten Sie auf die Bauchspannung! Das Becken bleibt stabil!

Variation: Als Steigerung die Position halten und zusätzlich *mini moves* nach rechts und links ausführen.

Ganzkörperstabilisation

Übungsausführung: Ellbogenstütz
Zuerst ein Bein vom Boden, dann den gegenüberliegenden Arm dazu anheben.

Hinweis: Auf eine stabile Körpermitte achten!

Ganzkörperspannung

Übungsausführung: Unterarmstütz
Der Oberkörper und die Oberschenkel bilden eine Linie. Diese Position halten.

Hinweis: Den Bauchnabel sanft nach innen oben ziehen! Die Schulterblätter auseinanderziehen!

Ganzkörperstabilisation

Übungsausführung: Unterarmstütz
Die Knie anziehen und den Redondo®-Ball unter den Füßen platzieren. Nun den Ball mit dem Einatmen wegschieben, mit dem Ausatmen heranziehen.

Hinweis: Achten Sie auf eine gute Bauchspannung!

6 SCHULTERN

Mobilisation des Schultergürtels

Übungsausführung: Sitz
Ein Brasil® mit der oberen Hand werfen, mit der unteren Hand auffangen.

Hinweis: Seitenwechsel!

TIPP für eine kurze Bewegungspause im Büro oder zu Hause.

Mobilisation und Entspannung des Schultergürtels

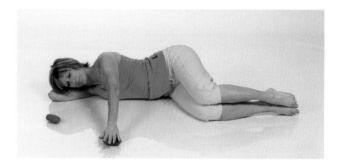

Übungsausführung: Seitlage mit angezogenen Beinen
Die Hand auf ein Brasil® legen und vor und zurück rollen.

Hinweis: Das Becken bleibt stabil!

Ganzkörpermobilisation

Übungsausführung: Side to Side
Das Gewicht von rechts nach links verlagern und mit einem Arm lockere Schwünge von der einen zur anderen Seite ausführen.

Hinweis: Die Bauchspannung aufbauen, indem der Bauchnabel sanft nach innen gezogen wird. Achten Sie auf einen lockeren Schultergürtel!

„Spüren Sie die Länge und Spannkraft des Körpers!"

Mobilisation der Schultergelenke, Brustwirbelsäule, Fußgelenke

Übungsausführung: Side to Side

Das Gewicht von rechts nach links verlagern und mit einem Arm lockere Schwünge von der einen zur anderen Seite ausführen. Dabei den Arm weit nach hinten ziehen. Der Blick folgt der Hand.

Hinweis: Die Bauchspannung aufbauen, indem der Bauchnabel sanft nach innen gezogen wird.

Kräftigung der Oberschenkelaußenseite, Kräftigung der Rücken- und Bauchmuskulatur, Schulung der Gleichgewichtsfähigkeit

Übungsausführung: Einbeinstand

Auf einem Bein stehen, das andere Bein zur Seite anheben. Diese Position halten und mit dem gegenüberliegenden Arm *mini moves* vor/zurück ausführen.

Hinweis: Achten Sie auf die Bauchspannung! Das Becken bleibt stabil! Das Knie vom Standbein zeigt Richtung Fußspitze!

Kräftigung der Oberschenkelinnenseite, der Rücken- und Schultermuskulatur

Übungsausführung: Grätschstand

Aus dem aufrechten Stand, die Beine sind weit geöffnet, die Fußspitzen sind nach außen gedreht, sich tief nach unten setzen. Die Arme in die Waagerechte anheben, dabei 2 x gleichzeitig *mini moves* nach oben ausführen. Nun wieder aufrichten, dabei 2 x gleichzeitig *mini moves* zum Körper ausführen.

Hinweis: Die Knie nicht vollständig strecken! Achten Sie auf tiefe Schultern!

Aktivierung der tiefen Rumpfmuskulatur

Übungsausführung: Stand

Die Daumen zeigen zueinander, die Arme führen kleine, nach außen kreisende Bewegungen mit den Brasil®s von unten nach oben mit dem Einatmen und zurück mit dem Ausatmen nach innen kreisende Bewegungen aus. Die ganze Bewegungsabfolge einige Male wiederholen.

Hinweis: Die Handgelenke sind fixiert. Achten Sie auf die Bauchspannung! Die Schultern sind tief! Die Füße befinden sich in der Pilates-V-Stellung.

7 RÜCKEN

Kräftigung der Oberschenkelaußenseite, Kräftigung der Rücken- und Bauchmuskulatur, Schulung der Gleichgewichtsfähigkeit

Übungsausführung: Einbeinstand

Auf einem Bein stehen, das andere Bein zur Seite anheben. Diese Position halten und mit dem gegenüberliegenden Arm *mini moves* vor/zurück ausführen.

Hinweis: Achten Sie auf die Bauchspannung! Das Becken bleibt stabil! Das Knie vom Standbein zeigt Richtung Fußspitze!

Kräftigung der Rückenmuskulatur, der Beine, des Gesäßes

Übungsausführung: Stand

Die Beine stehen hüftbreit geöffnet, das Gesäß nach hinten senken. Das Gewicht auf die Fußspitzen verlagern. Die Arme neben dem Kopf ausstrecken und *mini moves* gegengleich hoch/tief ausführen.

Hinweis: Der Kopf bleibt in Verlängerung der Wirbelsäule. Den Bauchnabel sanft nach innen ziehen. Die Handgelenke sind fixiert!

Kräftigung der Rückenmuskulatur, Schulung der Gleichgewichtsfähigkeit

Übungsausführung: Einbeinstand

In der Standwaage die Arme nach vorne strecken und *mini moves* gegengleich hoch/tief ausführen.

Hinweis: Die Handgelenke sind fixiert. Das Becken ist parallel zum Boden. Der Blick zeigt nach unten, damit befindet sich die Wirbelsäule in neutraler Position. Achten Sie auf die Bauchspannung!

Kräftigung der Rückenmuskulatur

Übungsausführung: Stand

Die Beine stehen hüftbreit geöffnet, das Gesäß nach hinten senken.
Die Arme zur Seite heben und senken. Einige Male wiederholen.

Übungsausführung: Dann die Arme seitlich halten und gleichzeitig *mini moves* vor/zurück ausführen.

Hinweis: Der Kopf bleibt in Verlängerung der Wirbelsäule. Den Bauchnabel sanft nach innen ziehen. Die Schulterblätter ziehen zueinander.

Kräftigung der Rückenmuskulatur

Übungsausführung: Grätschstand

Die Beine sind etwa 1 m weit geöffnet, die Fußspitzen leicht nach innen gedreht. Den Oberkörper waagerecht nach vorne neigen, die Arme zur Seite ausstrecken. Dann *mini moves* gleichzeitig vor/zurück ausführen.

Hinweis: Die Wirbelsäule bleibt in der neutralen Position, den Bauchnabel sanft nach innen ziehen. Die Handgelenke sind fixiert. Die Schulterblätter zueinander ziehen.

Schulung der Gleichgewichtsfähigkeit. Kräftigung der Bauch- und Rückenmuskulatur

Übungsausführung: Einbeinstand

Mit dem Spielbein so weit wie möglich vor und hinter dem Körper auftippen.

Hinweis: Die Spannung in der Körpermitte halten!

Aktivierung der tiefen Bauch- und Rückenmuskulatur

Übungsausführung: Vierfüß-lerstand

Einen Arm nach vorne oben und das gegenüberliegende Bein nach hinten oben anheben, dann Knie und Hand zueinander führen. Einige Male wiederholen. Dann ausgestreckt halten und *mini moves* hoch/tief ausführen.

Hinweis: Die Lendenwirbelsäule befindet sich beim Strecken in neutraler Position, beim Zusammenführen von Knie und Hand den Rücken möglichst weit nach oben runden. Das Becken bleibt parallel zum Boden.

Kräftigung der gesamten Rumpfmuskulatur, der Oberschenkelaußenseite

Übungsausführung: Seitlicher Unterarmkniestütz

Arm und Bein weit auseinanderführen. Dann das Bein anheben und mit dem Arm zusammenführen. Einige Male wiederholen. Nun das Bein abgehoben halten und *mini moves* mit dem nach oben gestreckten Arm ausführen.

Hinweis: Der Oberkörper und die Oberschenkel bilden eine Linie. Die Handgelenke fixieren. Achten Sie auf die Bauchspannung!

Variation: Zur Erleichterung das obere Bein anwinkeln.

Variation: Als Steigerung beide Beine strecken.

Kräftigung von Gesäß- und Oberschenkelmuskulatur, Stabilisation des Beckens

Übungsausführung: Schulterstütz
In der Rückenlage sind beide Beine hüftbreit aufgestellt, das Becken angehoben. Nun *mini moves* gegengleich über dem Brustbein ausführen.

Hinweis: Der Oberkörper und die Oberschenkel bilden eine Linie.

Variation: Als Steigerung ein Bein im rechten Winkel anheben.

Variation: Als Steigerung ein Bein in Verlängerung nach vorne strecken.

Kräftigung der Oberschenkelinnenseite, Rumpfstabilität

Übungsausführung: Seitlage

Den oberen Fuß vorne auf dem Boden aufstellen. Den Oberkörper und das untere Bein einige Male heben mit dem Ausatmen und senken mit dem Einatmen. Dann oben halten und *mini moves* hoch/tief ausführen.

Hinweis: Achten Sie auf die Bauchspannung! Das Becken bleibt stabil in der Seitenlage!

Kräftigung der gesamten Rumpfmuskulatur und der Oberschenkelaußenseite

Übungsausführung: Seitkniestütz

Auf beiden Knien stehen, dann ein Bein seitlich abspreizen, mit einen Arm seitlich abstützen. Hand, Knie und Fuß bilden eine Linie. Nun das Bein und den Arm mit dem Ausatmen zueinander- und dem Einatmen auseinanderführen.

Hinweis: Achten Sie auf die Bauchspannung! Das Becken bleibt stabil!

Variation: Als Steigerung die Position halten und zusätzlich *mini moves* nach rechts und links ausführen.

Kräftigung von Gesäß und Oberschenkeln, Stabilisation des Beckens, Dehnung der Oberschenkelrückseite

Übungsausführung: Schulterstütz

In der Rückenlage sind beide Beine hüftbreit aufgestellt, die Arme hinter dem Kopf ausgestreckt, das Becken angehoben, ein Bein diagonal nach vorne ausgestreckt. Nun beim Einatmen das gestreckte Bein 2 x Richtung Kopf kicken, dabei mit den Brasil®s 2 x *mini moves* Richtung Boden, beim Ausatmen das

Bein in Höhe des anderen Beins sinken lassen und die Arme wieder hinter den Kopf führen.

Hinweis: Das Becken bleibt stabil!

Kräftigung von Gesäß und Oberschenkeln,
Stabilisation des Beckens, Kräftigung der tiefen
Rückenmuskulatur

Übungsausführung: Schulterstütz

Rückenlage mit aufgestellten Füßen. Oberkörper und Oberschenkel
bilden eine Linie. Nun im Wechsel das rechte und linke Bein abheben.
Gleichzeitig beim Anheben des Beins die Arme dynamisch nach vorne
führen.

Hinweis: Das Becken wird möglichst stabil gehalten! Achten Sie auf
die Bauchspannung!

Dehnung der Rückenmuskulatur, Dehnung der hinteren Beinmuskulatur, Kräftigung der Bauchmuskulatur

Übungsausführung: Langer Sitz

Aufrecht sitzen, die Beine sind geschlossen. Die Hände liegen neben dem Körper auf den Brasil®s. Nun den Oberkörper mit dem Ausatmen Wirbel für Wirbel nach vorne runden und mit dem Einatmen wieder aufrichten. Dabei die Brasil®s nach vorne und wieder zurück rollen.

Hinweis: Der untere Rücken bleibt stabil! Das Gefühl haben, sich über einen Ball zu legen! Powerhouse aktiv.

Variation: Zur Erleichterung die Knie etwas beugen.

Kräftigung der gesamten Körperrückseite

Übungsausführung: Bauchlage
In der Bauchlage liegen die Brasil®s unter den Händen. Den Oberkörper anheben mit dem Einatmen, die Schultern nach hinten unten ziehen. Dann den Oberkörper mit dem Ausatmen tief und gleichzeitig die Beine anheben.

Hinweis: Den Bauchnabel sanft nach innen vom Boden wegziehen. Die Arme bleiben gestreckt, der Kopf in Verlängerung der Wirbelsäule. Das Schambein in den Boden drücken.

Kräftigung der gesamten Körperrückseite

**Übungsausführung: Bauch-
lage**
In der Bauchlage im Wechsel
rechten Arm und linkes Bein
und linken Arm und rechtes
Bein mit dem Einatmen heben,
mit dem Ausatmen senken.
Die Daumen zeigen zur Decke.
Die Schultern nach hinten unten ziehen.

Hinweis: Den Bauchnabel sanft nach innen vom Boden wegziehen.
Powerhouse aktiv halten!

Variation: Als Steigerung die
Arme und Beine in der Schwe-
be halten und Schwimmbewe-
gung mit Armen und Beinen
ausführen. Der Atem fließt.

Hinweis: Den Bauchnabel sanft nach innen ziehen!

Kräftigung der Rückenmuskulatur

Übungsausführung: Bauchlage

Auf dem Bauch liegen, die Fußspitzen zeigen nach außen, der Kopf ist in Verlängerung der Wirbelsäule. Die Arme führen seitlich vom Körper abgespreizt *mini moves* gleichzeitig vor/zurück aus.

Hinweis: Den Bauchnabel nach innen oben ziehen. Das Schambein drückt gegen den Boden.

Aktivierung der tiefen Bauch- und Rückenmuskulatur

Übungsausführung: Schulterstütz
In der Rückenlage sind beide Beine hüftbreit aufgestellt, das Becken und ein Bein und Arm angehoben. Nun *mini moves* vor/zurück über dem Brustbein ausführen.

Übungsausführung: Dann die *mini moves* einstellen und den Arm und das Bein auseinanderbewegen und wieder zueinander bewegen.

Hinweis: Das Becken bleibt stabil! Achten Sie auf die Bauchspannung!

Kräftigung von Rücken und Bauch

Übungsausführung: Vierfüßlerstand

Ein Bein nach hinten ausstrecken, den gegenüberliegenden Arm zur Decke strecken. Nun den freien Arm weit unter dem aufgestellten Arm durchbewegen.

Hinweis: Den Blick mitnehmen! Achten Sie auf die Bauchspannung!

Variation: Zur Erleichterung die Hand hinter dem Kopf abstützen.

Variation: Zur Erleichterung beide Knie am Boden lassen.

Kräftigung der tiefen Bauch- und Rückenmuskulatur

Übungsausführung: Seitlage

Beide Beine und den Kopf anheben. Mit den Beinen kleine, schnelle Bewegungen vor und zurück ausführen. Gegebenenfalls ein Dynair® unter das Becken legen.

Hinweis: Den Bauchnabel sanft nach innen ziehen.

Kräftigung der tiefen Rückenmuskulatur

Übungsausführung: Bauchlage

Im Wechsel das rechte Bein und den linken Arm und das linke Bein und den rechten Arm anheben und senken. Die Daumen zeigen zur Decke.

Hinweis: Den Bauchnabel sanft nach innen oben ziehen! Den Kopf in Verlängerung der Wirbelsäule halten!

Kräftigung der schrägen Bauchmuskulatur, der tiefen Rückenmuskulatur

Übungsausführung: Vierfüßlerstand

Einen Arm zur Decke strecken. Den Blick mit der Hand mitnehmen. Dann den Arm so weit wie möglich unter dem aufgestellten Arm hindurchtauchen.

Hinweis: Den Bauchnabel sanft nach innen ziehen.

Kräftigung der Rückenstreckmuskulatur

Übungsausführung: Bauchlage

Den Redondo®-Ball unter die Hände legen, die Arme weit nach vorne strecken, die Ellbogen vom Boden lösen. Nun den Oberkörper etwas anheben, dabei den Ball rollen und wieder senken.

Hinweis: Den Bauchnabel sanft nach innen oben ziehen! Das Schambein etwas in den Boden drücken.

Kräftigung der gesamten rückseitigen Muskulatur

Übungsausführung: Bauchlage

Beide Hände sind auf dem Redondo®-Ball abgelegt. Die Arme und Beine vom Boden abheben und ausstrecken. Nun mit den Beinen im Wechsel kleine Bewegungen hoch und tief ausführen.

Hinweis: Den Bauchnabel sanft nach innen oben ziehen!

Variation: Als Steigerung zusätzlich die gegenüberliegende Hand vom Ball abheben.

Mobilisation der Wirbelsäule, Dehnung der oberen Rückenmuskulatur

Übungsausführung: Sitz

Die Brasil®s liegen unter den Händen. Nun nach vorne und zurück rollen. Dabei den Rücken möglichst weit runden.

Hinweis: Ausatmen beim Runden und einatmen beim Aufrichten!

TIPP für eine kurze Bewegungspause im Büro oder zu Hause.

Kräftigung der tiefen Bauch- und Rückenmuskulatur

Übungsausführung: Vierfüßlerstand
Im Wechsel das rechte Bein und den linken Arm und das linke Bein und den rechten Arm vom Boden abheben.

Hinweis: Achten Sie auf die Bauchspannung!

Mobilisation der Wirbelsäule

Übungsausführung: Vierfüßlerstand

Beide Hände auf den Brasil®s aufstützen und mit dem Ausatmen den Rücken runden. Mit dem Einatmen nach vorne rollen und den Rücken in die Länge ziehen.

Hinweis: Das Gesäß bleibt von den Fersen abgehoben!

Kräftigung der Rückenmuskulatur

Übungsausführung: Kniestand.
Die Arme in der Seithalte nah am Körper. Die Daumen zeigen nach außen. Nun den Oberkörper nach vorne neigen und wieder aufrichten. Einige Male wiederholen. Dann tief unten halten und *mini moves* gleichzeitig Richtung Körper ausführen.

Hinweis: Die Schulterblätter zueinander ziehen. Den Bauchnabel sanft nach innen ziehen.

8 BAUCH

Kräftigung der Bauchmuskulatur

Übungsausführung: Grätschstand
Die Handflächen zeigen nach oben. Dann dynamisch die Brasil®s von der einen zur anderen Seite bewegen.

Hinweis: Achten Sie auf eine aufrechte Haltung! Das Becken bleibt stabil, der Schultergürtel geht mit der Bewegung mit! Die Knie sind leicht gebeugt. Achten Sie auf die Bauchspannung!

Schulung der Gleichgewichtsfähigkeit. Kräftigung der Bauch- und Rückenmuskulatur

Übungsausführung: Einbeinstand

Mit dem Spielbein so weit wie möglich vor und hinter dem Körper auftippen.

Hinweis: Die Spannung in der Körpermitte halten!

Kräftigung der seitlichen Rumpfmuskulatur

Übungsausführung: Stand
Den Rumpf so weit wie möglich nach rechts und links neigen. Der Blick folgt der Hand.

Hinweis: Die Knie sind leicht angebeugt! Das Brustbein ist angehoben!

Kräftigung der schrägen Bauchmuskulatur

Übungsausführung: Einbeinstand

Die Arme neben dem Körper ausstrecken. Dann das Spielbein und den Oberkörper zueinander- und auseinanderführen.

Hinweis: Das Brustbein anheben!

Variation: Als Steigerung den Ellbogen und das Knie zueinanderführen.

Kräftigung der schrägen Bauchmuskulatur

Übungsausführung: Rückenlage mit angestellten Beinen
Die Beine sind hüftbreit aufgestellt. Mit einer Hand den Kopf stützen, den anderen Arm dynamisch diagonal nach vorne führen.

Hinweis: Achten Sie auf tiefe Schultern.

Kräftigung der gesamten Rumpfmuskulatur, der Oberschenkelaußenseite

Übungsausführung: Seitlicher Unterarmkniestütz

Arm und Bein weit auseinanderführen. Dann das Bein anheben und mit dem Arm zusammenführen. Einige Male wiederholen. Nun das Bein abgehoben halten und *mini moves* mit dem nach oben gestreckten Arm ausführen.

Hinweis: Der Oberkörper und die Oberschenkel bilden eine Linie. Die Handgelenke fixieren. Achten Sie auf die Bauchspannung!

Variation: Zur Erleichterung das obere Bein anwinkeln.

Variation: Als Steigerung beide Beine strecken.

Kräftigung der Bauchmuskulatur, Schulung der Gleichgewichtsfähigkeit

Übungsausführung: Sitz mit angehobenen Armen und Beinen
Aufrecht sitzen, dann den Oberkörper etwas zurücklehnen, die Beine
gebeugt abheben. Mit den Armen *mini moves* gegengleich hoch/tief
ausführen und gleichzeitig den Rumpf von rechts nach links drehen.

Hinweis: Achten Sie auf die Bauchspannung! Das Brustbein anheben!

Kräftigung der Oberschenkelinnenseite, Rumpfstabilität

Übungsausführung: Seitlage

Den oberen Fuß vorne auf dem Boden aufstellen. Den Oberkörper und das untere Bein einige Male heben mit dem Ausatmen und senken mit dem Einatmen. Dann oben halten und *mini moves* hoch/tief ausführen.

Hinweis: Achten Sie auf die Bauchspannung! Das Becken bleibt stabil in der Seitenlage!

Kräftigung der Oberschenkelaußenseite, Bauchmuskulatur

Übungsausführung: Seitlage

Die Beine sind 90° nach vorne angewinkelt. Nun den oberen Arm mit dem oberen Knie zusammen- und dann weit auseinanderführen. Einige Male wiederholen, dann das Bein gestreckt halten und *mini moves* mit dem oberen Arm vor/zurück ausführen.

Hinweis: Achten Sie auf die Bauchspannung! Das Becken bleibt stabil in der Seitenlage! Unter der Taille bleibt ein Luftdreieck sichtbar.

Kräftigung der Bauchmuskulatur

Übungsausführung: Sitz mit geöffneten Beinen
Die Fußspitzen anziehen. Die Arme weit öffnen. Den Rumpf mit dem Ausatmen zur Seite drehen, dort kurz *mini moves* vor/zurück ausführen, mit dem Einatmen wieder zur Mitte drehen.

Hinweis: Das Becken bleibt fixiert! (Achten Sie darauf, dass sich die Fersen nicht bewegen!). Zur Erleichterung die Knie etwas beugen!

Kräftigung der Bauchmuskulatur

Übungsausführung: Sitz mit aufgestellten Beinen
Aufrecht sitzen, die Arme vorne in der Waagerechten halten. Beim Zurücklehnen und Ausatmen den Oberkörper zusätzlich leicht zur Seite rotieren, in der Rückbeuge beim Ausatmen kurz *mini moves* ausführen. Mit dem Einatmen wieder nach vorne kommen.

Hinweis: Das Becken bleibt aufgerichtet. Das Brustbein ist angehoben, die Wirbelsäule in neutraler Position. Achten Sie auf die Bauchspannung!

Kräftigung der Bauchmuskulatur, Dehnung der Beinrückseite

 **Übungsausführung: Langer Sitz**
Aufrecht sitzen, die Beine sind hüftbreit geöffnet. Dann *mini moves* gegengleich hoch/tief ausführen. Gleichzeitig den Oberkörper über das rechte Bein nach vorne bewegen mit dem

Einatmen, über das linke Bein nach hinten bewegen mit dem Ausatmen. In jede Richtung ca. 5 x wiederholen.

Hinweis: Die Handgelenke sind fixiert, der Bauchnabel ist sanft nach innen gezogen. Die Arme während der gesamten Bewegung in der Waagerechten halten.

Dehnung der Rückenmuskulatur, Dehnung der hinteren Beinmuskulatur, Kräftigung der Bauchmuskulatur

Übungsausführung: Langer Sitz

Aufrecht sitzen, die Beine sind geschlossen. Die Hände liegen neben dem Körper auf den Brasil®s. Nun den Oberkörper mit dem Ausatmen Wirbel für Wirbel nach vorne runden und mit dem Einatmen wieder aufrichten. Dabei die Brasil®s nach vorne und wieder zurück rollen.

Hinweis: Der untere Rücken bleibt stabil! Das Gefühl haben, sich über einen Ball zu legen! Powerhouse aktiv.

Variation: Zur Erleichterung die Knie etwas beugen.

Kräftigung der Bauchmuskulatur

**Übungsausführung: Rücken-
lage mit angehobenen Armen
und Beinen**
In der Rückenlage die Beine im
rechten Winkel anheben. Der
Kopf und der Schultergürtel sind
vom Boden abgehoben. Jetzt
mini moves gleichzeitig hoch ∕

tief ausführen. Dabei 5 x kurzes, schnelles Einatmen, 5 x kurzes,
schnelles Ausatmen.

Hinweis: Den Bauchnabel sanft nach innen ziehen, den Schultergürtel entspannen.

Variation: Zur Erleichterung die
Beine auf dem Boden aufstellen.

Variation: Als Steigerung die Beine diagonal nach vorne strecken.

Hinweis: Achten Sie auf ein sta-
biles Becken, der untere Rücken
bleibt auf dem Boden!

Kräftigung der Bauchmuskulatur

Übungsausführung: Rückenlage mit angehobenen Armen und Beinen

In der Rückenlage die Beine im rechten Winkel anheben. Der Kopf und der Schultergürtel sind vom Boden abgehoben. Mit den Armen gegengleiche *mini moves* ausführen. Gleichzeitig den Oberkörper nach rechts, die Beine nach links drehen beim Ausatmen, dann einatmen und zur Mitte zurückkommen. Sich fließend von der einen zur anderen Seite bewegen.

Hinweis: Den Bauchnabel sanft nach innen ziehen, den Schultergürtel entspannen. Zur Erleichterung den Kopf am Boden liegen lassen.

Kräftigung der Bauchmuskulatur

Übungsausführung: Rückenlage mit angehobenem Kopf, Armen und Beinen
In der Rückenlage die Beine zum Körper ziehen und einatmen. Mit dem Ausatmen Arme und Beine öffnen.

Hinweis: Der untere Rücken bleibt auf dem Boden!

Kräftigung der Bauchmuskulatur

Übungsausführung: Rückenlage mit angestellten Beinen
Die Beine sind hüftbreit aufgestellt, die Wirbelsäule liegt in neutraler Position. Mit den Brasil®s große Scherbewegungen ausführen.

Hinweis: Die Wirbelsäule bleibt in stabiler neutraler Position! Den Nacken entspannen.

Kräftigung der Bauchmuskulatur

Übungsausführung: Rückenlage mit angehobenen Beinen
Die Beine sind zur Decke gestreckt. Zuerst gegengleiche *mini moves* mit den Armen ausführen, um das Powerhouse zu aktivieren. Dann die Arme oben halten und die Beine mit dem Ausatmen in zwei Halbkreisen auseinander, mit dem Einatmen geschlossen von unten wieder zurückführen.

Hinweis: Die Wirbelsäule bleibt in der neutralen Position!

Aktivierung des M. transversus

Die Wirbelsäule liegt in der neutralen Position!

Übungsausführung: Rückenlage mit aufgestellten Beinen
In der Rückenlage gegengleiche *mini moves* über dem Brustbein ausführen. Im Wechsel den rechten und linken Fuß etwas vom Boden lösen.

Hinweis: Während der Bewegung bleibt die Wirbelsäule immer in der neutralen Position!

Variation: Die Beine gewinkelt anheben. Nun im Wechsel das rechte und linke Bein Richtung Boden tippen.

Aktivierung der tiefen Bauch- und Rückenmuskulatur

Übungsausführung: Schulterstütz
In der Rückenlage sind beide Beine hüftbreit aufgestellt, das Becken und ein Bein und Arm angehoben. Nun *mini moves* vor/zurück über dem Brustbein ausführen.

Übungsausführung: Dann die *mini moves* einstellen und den Arm und das Bein auseinanderbewegen und wieder zueinander bewegen.

Hinweis: Das Becken bleibt stabil! Achten Sie auf die Bauchspannung!

Kräftigung der Bauchmuskulatur

Übungsausführung: Rückenlage mit aufgestellten Beinen
Den Kopf und Schultergürtel vom Boden lösen und mit den Armen
eine große Scherbewegung ausführen.

Hinweis: Achten Sie auf die Bauchspannung!

Kräftigung von Rücken und Bauch

Übungsausführung: Vierfüßlerstand

Ein Bein nach hinten ausstrecken, den gegenüberliegenden Arm zur Decke strecken. Nun den freien Arm weit unter dem aufgestellten Arm durchbewegen.

Hinweis: Den Blick mitnehmen! Achten Sie auf die Bauchspannung!

Variation: Zur Erleichterung die Hand hinter dem Kopf abstützen.

Variation: Zur Erleichterung beide Knie am Boden lassen.

Kräftigung der tiefen Bauch- und Rückenmuskulatur

Übungsausführung: Seitlage

Beide Beine und den Kopf anheben. Mit den Beinen kleine, schnelle Bewegungen vor und zurück ausführen. Gegebenfalls ein Dynair® unter das Becken legen.

Hinweis: Den Bauchnabel sanft nach innen ziehen.

Kräftigung der tiefen Bauch- und Rückenmuskulatur

Übungsausführung: Vierfüßlerstand
Im Wechsel das rechte Bein und den linken Arm und das linke Bein und den rechten Arm vom Boden abheben.

Hinweis: Achten Sie auf die Bauchspannung!

Kräftigung der tiefen Rückenmuskulatur

Übungsausführung: Bauchlage
Im Wechsel das rechte Bein und den linken Arm und das linke Bein und den rechten Arm anheben und senken. Die Daumen zeigen zur Decke.

Hinweis: Den Bauchnabel sanft nach innen oben ziehen! Den Kopf in Verlängerung der Wirbelsäule halten!

Kräftigung der schrägen Bauchmuskulatur

Übungsausführung: Rückenlage

Die Beine angewinkelt anheben und von rechts nach links pendeln.

Hinweis: Die Schulterblätter am Boden fixieren!

Variation: Als Steigerung die Beine ausstrecken.

Kräftigung der tiefen Rumpfmuskulatur

Übungsausführung: Schulterstütz

Ein Bein angewinkelt anheben und langsam unter dem aufgestellten Bein hindurchführen. Das Becken kippt auf die Seite des Spielbeins.

Hinweis: Den Bauchnabel sanft nach innen ziehen.

Kräftigung der schrägen Bauchmuskulatur, der tiefen Rückenmuskulatur

Übungsausführung: Vierfüßlerstand

Einen Arm zur Decke strecken. Den Blick mit der Hand mitnehmen. Dann den Arm so weit wie möglich unter dem aufgestellten Arm hindurchtauchen.

Hinweis: Den Bauchnabel sanft nach innen ziehen.

Kräftigung der schrägen Bauchmuskulatur

Übungsausführung: Vierfüßlerstand
Eine Hand stützt sich leicht auf den Redondo®-Ball und rollt ihn unter dem aufgestellten Arm hindurch und wieder zurück.

Hinweis: So weit wie möglich rollen! Den Bauchnabel sanft nach innen oben ziehen!

Kräftigung der tiefen Rumpfmuskulatur

Übungsausführung: Vierfüßlerstand mit einem Knie auf dem Redondo®-Ball
Das Spielbein zur Seite führen, die Fußspitze ist abgehoben. Nun das Spielbein gebeugt etwas zur Seite abheben und zurück.

Hinweis: Die Lendenwirbelsäule in neutraler Position halten. Achten Sie auf die Bauchspannung! Das Becken bleibt parallel zum Boden.

9 GESÄSS

Kräftigung der Bein-, Gesäß- und Rumpfmuskulatur

Übungsausführung: Stand

Aus dem aufrechten und hüftbreiten Stand tiefe Kniebeugen ausführen. Dabei 2 x gleichzeitig *mini moves* zurück ausführen. Dann sich aufrichten und ein Knie anheben, dabei 2 x gleichzeitig *mini moves* nach oben ausführen.

Hinweis: Die Bewegung der Arme erfolgt aus dem Schultergelenk! Die Knie sind maximal bis über die Fußspitzen! Die Oberschenkel in die waagerechte Position bringen!

Kräftigung der Bein-, Gesäß- und Rumpfmuskulatur

Übungsausführung: Einbeinstand

Aufrechter Stand, ein Bein ist nach vorne angehoben. Nun das Spielbein nach hinten strecken. Gleichzeitig den Oberkörper nach vorne neigen und die Arme in Verlängerung des Oberkörpers nach vorne strecken, dabei 2 x gleichzeitig *mini moves* nach oben ausführen. Dann wieder zurück in die Ausgangsposition und 2 x gleichzeitig *mini moves* vor und zurück ausführen.

Hinweis: Das Bein nur so weit anheben, wie die Wirbelsäule in neutraler Position bleiben kann!

Variation: Als Erleichterung das Spielbein hinten auf den Boden tippen.

Variation: In der Standwaage verharren und mit den Armen gegengleiche *mini moves* hoch/tief ausführen.

Kräftigung der Rückenmuskulatur, der Beine, des Gesäßes

Übungsausführung: Stand

Die Beine stehen hüftbreit geöffnet, das Gesäß nach hinten senken. Das Gewicht auf die Fußspitzen verlagern. Die Arme neben dem Kopf ausstrecken und *mini moves* gegengleich hoch/tief ausführen.

Hinweis: Der Kopf bleibt in Verlängerung der Wirbelsäule. Den Bauchnabel sanft nach innen ziehen. Die Handgelenke sind fixiert!

Kräftigung von Gesäß und Oberschenkeln, Stabilisation des Beckens, Kräftigung der tiefen Rückenmuskulatur

Übungsausführung: Schulterstütz

Rückenlage mit aufgestellten Füßen. Oberkörper und Oberschenkel bilden eine Linie. Nun im Wechsel das rechte und linke Bein abheben. Gleichzeitig beim Anheben des Beins die Arme dynamisch nach vorne führen.

Hinweis: Das Becken wird möglichst stabil gehalten! Achten Sie auf die Bauchspannung!

Kräftigung von Gesäß und Oberschenkeln, Stabilisation des Beckens

Übungsausführung: Schulterstütz

In der Rückenlage sind beide Beine hüftbreit aufgestellt, die Arme hinter dem Kopf ausgestreckt. Nun beim Ausatmen das Becken anheben und gleichzeitig die Arme neben die Oberschenkel führen, einatmen und halten, dann ausatmen und das Becken wieder senken.

Hinweis: Achten Sie auf die Bauchspannung! Der Oberkörper und die Oberschenkel bilden eine Linie.

Variation: Als Steigerung oben halten und über dem Brustbein *mini moves* gegengleich vor/zurück ausführen.

Kräftigung von Gesäß und Oberschenkeln, Stabilisation des Beckens, Dehnung der Oberschenkelrückseite

Übungsausführung: Schulterstütz

In der Rückenlage sind beide Beine hüftbreit aufgestellt, die Arme hinter dem Kopf ausgestreckt, das Becken angehoben, ein Bein diagonal nach vorne ausgestreckt. Nun beim Einatmen das gestreckte Bein 2 x Richtung Kopf kicken, dabei mit den Brasil®s 2 x *mini moves* Richtung Boden, beim Ausatmen das Bein in Höhe des anderen Beins sinken lassen und die Arme wieder hinter den Kopf führen.

Hinweis: Das Becken bleibt stabil!

Kräftigung von Gesäß- und Oberschenkelmuskulatur, Stabilisation des Beckens

Übungsausführung: Schulterstütz

In der Rückenlage sind beide Beine hüftbreit aufgestellt, das Becken angehoben. Nun *mini moves* gegengleich über dem Brustbein ausführen.

Hinweis: Der Oberkörper und die Oberschenkel bilden eine Linie.

Variation: Als Steigerung ein Bein im rechten Winkel anheben.

Variation: Als Steigerung ein Bein in Verlängerung nach vorne strecken.

Kräftigung der Gesäßmuskulatur

Übungsausführung: Vierfüßlerstand

Den Redondo®-Ball unter ein Knie legen. Nun das Spielbein vom Boden abheben und waagerecht nach hinten strecken und wieder heranziehen.

Hinweis: Das aufgestellte Bein mit dem Fuß vom Boden abheben, ist natürlich nicht einfach. Zur Erleichterung die Fußspitze aufstellen! Den Bauchnabel sanft nach innen oben ziehen!

Variation: Der Redondo®-Ball kann natürlich auch unter dem Unterarm platziert werden!

Kräftigung der tiefen Rumpfmuskulatur, der Gesäßmuskulatur

Übungsausführung: Vierfüßlerstand
Den Redondo®-Ball unter einem Knie platzieren. Das Spielbein angewinkelt abheben und ein- und ausdrehen.

Hinweis: Den Bauchnabel sanft nach innen ziehen! Das Becken bleibt stabil!

10 BECKENBODEN

Aktivierung und Wahrnehmung des M. Transversus, des Beckenbodens

Übungsausführung: Rückenlage mit angestellten Beinen
Die Beine sind hüftbreit aufgestellt, die Wirbelsäule liegt in neutraler Position. Dann *mini moves* gegengleich vor/zurück mit den Armen über dem Brustkorb ausführen.

Hinweis: Den Bauchnabel sanft nach innen ziehen. Den Schultergürtel entspannen.

Wahrnehmung und Aktivierung der tiefen Bauch- und Rückenmuskulatur

Übungsausführung: Vierfüßlerstand

Einen Arm zur Seite anheben und *mini moves* vor/zurück ausführen.

Hinweis: Achten Sie auf die Bauchspannung! Der Rücken bleibt ruhig und in neutraler Position der Wirbelsäule. Das Becken parallel zum Boden halten.

Kräftigung der tiefen Bauch- und Rückenmuskulatur

Übungsausführung: Vierfüßlerstand
Im Wechsel das rechte Bein und den linken Arm und das linke Bein
und den rechten Arm vom Boden abheben.

Hinweis: Achten Sie auf die Bauchspannung!

Ansteuerung der Core-Muskulatur

Übungsausführung: Vierfüßlerstand
Die Knie leicht vom Boden abheben und diese Position halten.

Hinweis: Die Schulterblätter auseinanderziehen! Den Bauchnabel sanft nach innen ziehen! „Spüren Sie Ihre Muskelmantelspange!"

Entspannung des Unterleibs, des Schultergürtels

Übungsausführung: Rückenlage

Die Arme vom Körper wegstrecken. Die Brasil®s liegen entspannt auf den Händen. Beide Fußsohlen aneinanderlegen, die Knie fallen nach außen. Mit den Schulterblättern leicht gegen den Boden drücken.

Hinweis: Mit jedem Ausatmen noch weiter entspannen.

Variation: Die Hände hinter dem Kopf verschränken. Die Brasil®s auf den Bauch legen und bewusst die Atmung in den Bauch spüren.

KAPITEL II

11 BEINE

Kräftigung der Bein-, Gesäß- und Rumpfmuskulatur

Übungsausführung: Stand

Aus dem aufrechten und hüftbreiten Stand tiefe Kniebeugen ausführen. Dabei 2 x gleichzeitig *mini moves* zurück ausführen. Dann sich aufrichten und ein Knie anheben, dabei 2 x gleichzeitig *mini moves* nach oben ausführen.

Hinweis: Die Bewegung der Arme erfolgt aus dem Schultergelenk! Die Knie sind maximal bis über die Fußspitzen! Die Oberschenkel in die waagerechte Position bringen!

Kräftigung der Bein-, Gesäß- und Rumpfmuskulatur

Übungsausführung: Einbein-stand

Aufrechter Stand, ein Bein ist nach vorne angehoben. Nun das Spielbein nach hinten strecken. Gleichzeitig den Oberkörper nach vorne neigen und die Arme in Verlängerung des Oberkörpers nach vorne strecken, dabei 2 x gleichzeitig *mini moves* nach oben ausführen. Dann wieder zurück in die Ausgangsposition und 2 x gleichzeitig *mini moves* vor und zurück ausführen.

Hinweis: Das Bein nur so weit anheben, wie die Wirbelsäule in neutraler Position bleiben kann!

Variation: Als Erleichterung das Spielbein hinten auf den Boden tippen.

Variation: In der Standwaage verharren und mit den Armen ge-gengleiche *mini moves* hoch/tief ausführen.

Kräftigung der Rückenmuskulatur, der Beine, des Gesäßes

Übungsausführung: Stand

Die Beine stehen hüftbreit geöffnet, das Gesäß nach hinten senken. Das Gewicht auf die Fußspitzen verlagern. Die Arme neben dem Kopf ausstrecken und *mini moves* gegengleich hoch/tief ausführen.

Hinweis: Der Kopf bleibt in Verlängerung der Wirbelsäule. Den Bauchnabel sanft nach innen ziehen. Die Handgelenke sind fixiert!

Kräftigung der Bein- und Rumpfmuskulatur, Schulung der Gleichgewichtsfähigkeit

Übungsausführung: Ausfallschritt

Die Beine weit in den Ausfallschritt öffnen und das hintere Knie Richtung Boden absenken, dabei die Arme in Seithalte bringen und *mini moves* mit den Brasil®s gegengleich hoch/tief ausführen.

Hinweis: Das Kniegelenk des vorderen Beins bleibt über der Ferse! Der Oberkörper ist aufgerichtet.

Variation: Als Steigerung die Ferse des vorderen Beins abheben. Zusätzliche Herausforderung der Gleichgewichtsfähigkeit!

Kräftigung der Oberschenkelaußenseite, Kräftigung der Rücken- und Bauchmuskulatur, Schulung der Gleichgewichtsfähigkeit

Übungsausführung: Einbeinstand

Auf einem Bein stehen, das andere Bein zur Seite anheben. Diese Position halten und mit dem gegenüberliegenden Arm *mini moves* vor/zurück ausführen.

Hinweis: Achten Sie auf die Bauchspannung! Das Becken bleibt stabil! Das Knie vom Standbein zeigt Richtung Fußspitze!

Kräftigung der Oberschenkelinnenseite, der Rücken- und Schultermuskulatur

Übungsausführung: Grätschstand

Aus dem aufrechten Stand, die Beine sind weit geöffnet, die Fußspitzen sind nach außen gedreht, sich tief nach unten setzen. Die Arme in die Waagerechte anheben, dabei 2 x gleichzeitig *mini moves* nach oben ausführen. Nun wieder aufrichten, dabei 2 x gleichzeitig *mini moves* zum Körper ausführen.

Hinweis: Die Knie nicht vollständig strecken! Achten Sie auf tiefe Schultern!

Kräftigung der Oberschenkelaußenseite, Bauchmuskulatur

Übungsausführung: Seitlage

Die Beine sind 90° nach vorne angewinkelt. Nun den oberen Arm mit dem oberen Knie zusammen- und dann weit auseinanderführen. Einige Male wiederholen, dann das Bein gestreckt halten und *mini moves* mit dem oberen Arm vor/zurück ausführen.

Hinweis: Achten Sie auf die Bauchspannung! Das Becken bleibt stabil in der Seitenlage! Unter der Taille bleibt ein Luftdreieck sichtbar.

Kräftigung von Gesäß und Oberschenkeln, Stabilisation des Beckens

Übungsausführung: Schulterstütz

In der Rückenlage sind beide Beine hüftbreit aufgestellt, die Arme hinter dem Kopf ausgestreckt. Nun beim Ausatmen das Becken anheben und gleichzeitig die Arme neben die Oberschenkel führen, einatmen und halten, dann ausatmen und das Becken wieder senken.

Hinweis: Achten Sie auf die Bauchspannung! Der Oberkörper und die Oberschenkel bilden eine Linie.

Variation: Als Steigerung oben halten und über dem Brustbein *mini moves* gegengleich vor/zurück ausführen.

Kräftigung der Oberschenkelinnenseite, Rumpfstabilität

Übungsausführung: Seitlage

Den oberen Fuß vorne auf dem Boden aufstellen. Den Oberkörper und das untere Bein einige Male heben mit dem Ausatmen und senken mit dem Einatmen. Dann oben halten und *mini moves* hoch/tief ausführen.

Hinweis: Achten Sie auf die Bauchspannung! Das Becken bleibt stabil in der Seitenlage!

Beckenstabilisation, Kräftigung der Gesäßmuskulatur und Oberschenkelaußenseite

Übungsausführung: Seitlage

Das untere Bein etwa 30° nach vorne abwinkeln und gestreckt auf den Redondo®-Ball legen. Nun das Spielbein in einem großen Bogen vor dem Ball und hinter dem Ball auftippen.

Hinweis: Den Rumpf stabil halten! Unter der Taille ist etwas Luft!

Kräftigung der gesamten Rumpfmuskulatur und der Oberschenkelaußenseite

Übungsausführung: Seitkniestütz

Auf beiden Knien stehen, dann ein Bein seitlich abspreizen, mit einen Arm seitlich abstützen. Hand, Knie und Fuß bilden eine Linie. Nun das Bein und den Arm mit dem Ausatmen zueinander- und dem Einatmen auseinanderführen.

Hinweis: Achten Sie auf die Bauchspannung! Das Becken bleibt stabil!

Variation: Als Steigerung die Position halten und zusätzlich *mini moves* nach rechts und links ausführen.

12 DEHNUNG/
ENTSPANNUNG

Wahrnehmung und Aktivierung der sensiblen Analysatoren

Übungsausführung: Stand hüftbreit
Beide Arme sind im rechten Winkel angehoben. Den Rumpf von rechts nach links drehen.

Hinweis: Das Becken ist fixiert!
„Spüren Sie, wie der Bauchnabel an die Wirbelsäule andockt. Spüren Sie Ihre Stabilität, Ihr Aufrichten in der Brustwirbelsäule!"

Wahrnehmung und Aktivierung der sensiblen Analysatoren

Übungsausführung: Hüftbreiter Stand
Im Wechsel den rechten und linken Arm zur Decke strecken, dabei den Rumpf zur Seite neigen.

Hinweis: Das Becken bleibt stabil.
„Dehnen Sie Ihre faszialen Strukturen und atmen Sie in die Seite!"

Wahrnehmung und Aktivierung der sensiblen Analysatoren

Übungsausführung: Hüftbreiter Stand
Den Rumpf nach vorne und zurück neigen.

Hinweis: Das Becken fixieren!
„Nehmen Sie wahr, wie flexibel Sie sind in Ihrem Neuralrohr, in Ihrer Wirbelsäule!"

Entspannung, Schulung der Atemmuskulatur

Übungsausführung: Rückenlage

Die Hände auf den Bauch bzw. den Brustkorb legen und die Bauch-bzw. Brustatmung spüren.

Hinweis: Durch die Nase ein, durch den Mund ausatmen, als wollten Sie eine Kerze auspusten!

Entspannung

Übungsausführung: Rückenlage
Die Fußsohlen schließen und die Knie nach rechts und links fallen lassen. Die Hände hinter dem Kopf verschränken.

Hinweis: Die Ellbogen sollten am Boden liegen. Vor allem bei Unterleibsschmerzen eine sehr effektive Übung zur Entspannung, Entkrampfung!

Entspannung, Dehnung des unteren Rückens

Übungsausführung: Rückenlage

Beide Oberschenkel zur Brust gezogen. Mit den Armen sanft die Knie anziehen, der untere Rücken hebt sich leicht vom Boden ab und ihn wieder absenken.

Hinweis: Den Schultergürtel entspannen!

Entspannung, Dehnung des unteren Rückens

Übungsausführung: Seitlage
Beide Knie weit zur Brust, den Kopf gleichzeitig Richtung Knie ziehen.

Hinweis: Den Schultergürtel entspannen!

BILDNACHWEIS

Bilder Umschlag und Innenteil:	TOGU GmbH, Winshape, Gabi Fastner
Layout Innenteil:	Kristina Erhardt, Aachen
Satz:	Eva Feldmann, Aachen
Covergestaltung:	Eva Feldmann, Aachen
Umschlaggestaltung:	Eva Feldmann, Aachen
Lektorat:	Alexa Deutz, Katrin Thiele